ENSEIGNEMENT SOCIAL

CATÉCHISME

SOCIAL

Cercles d'études ouvriers
Travail — Capital — Salaire
Syndicats — Fédérations — Bourses du travail
Épargne — Mutualité — Chômage
Alcoolisme — Socialisme

DESCLÉE DE BROUWER et Cⁱᵉ

Catéchisme
Social

PRIX : 0 fr. 30

DESCLÉE, DE BROUWER et Cie

REMISES PAR QUANTITÉ :

1 exemplaire	Fr.	0.30
10 —	»	2.80
100 -	»	25.00
1000 —	»	200.00

Le port en sus.

CATÉCHISME SOCIAL

PRÉLIMINAIRES

L'ENSEIGNEMENT SOCIAL

**L'enseignement. — Sa nécessité. — But de l'enseigne-
ment social. — Cercles ouvriers d'études professionnelles. — Écoles d'apprentissage.**

1. — *Pourquoi l'enseignement est-il nécessaire ?*

— Parce que, avant de parler, de *discuter* et d'agir, il faut *apprendre* ce qui se fait par l'enseignement.

L'apprentissage, nécessaire partout, est *indispensable* pour parler des questions sociales qui sont difficiles.

2. — *La discussion entre ouvriers peut-elle remplacer l'enseignement ?*

— Non, et ceux qui discutent sans avoir appris, s'exposent à dire des choses fausses ; mais quand ils ont *étudié*, les ouvriers peuvent discuter raisonnablement et donner de très *bons avis.*

3. — *Qui doit donner l'enseignement ?*

— Des hommes *expérimentés* qui ont appris et qui savent exposer leur pensée devant l'ouvrier.

4. — *Comment se donne l'enseignement ?*

— L'enseignement se donne :

1° Par les *petits manuels* d'économie sociale rédigés par demandes et par réponses ;

2° Dans les réunions de *lectures populaires*, les cercles d'études et les écoles d'apprentissage ;

3° Par des *brochures* et *tracts ;*

4° Par les journaux et les revues d'études sociales.

5. — Est-il vrai de dire que l'ouvrier seul connaît le métier et peut en parler ?

— Il est vrai de dire qu'on ne peut pas causer de *duite, chaîne, Jacquard, cannette,* si on ne sait pas ce que c'est, mais un contre-maître, un directeur ou un patron qui ont tissé peuvent parler du métier avec une égale compétence.

6. — Pourquoi ?

— Parce que *connaître le métier,* c'est savoir non seulement *rattacher* ou lancer *la navette,* mais encore ce qui regarde les machines, le dessin, la comptabilité, les lois, les commandes, les salaires, la concurrence et la marche générale de l'industrie.

7. — Quel est le but de l'enseignement social ?

— L'enseignement social a un triple but : un but professionnel, un but économique et un but moral.

8. — Quel est le but professionnel de l'enseignement social ?

— C'est de former d'habiles ouvriers qui connaissent toutes les parties du métier.

9. — Quel est le but économique de l'enseignement social ?

— C'est d'augmenter le bien-être de l'ouvrier en particulier par son salaire.

Les *bons* ouvriers trouvent presque toujours de l'occupation, et leur travail fait avec plus de soin et de perfection est *mieux payé.*

10. — Quel est le but moral de l'enseignement social ?

— C'est de développer l'instruction intellectuelle et morale de l'ouvrier en lui donnant des idées d'ordre, d'épargne, et en lui enseignant tous ses droits et ses devoirs ; ce qui se fait surtout dans les cercles ouvriers d'études professionnelles et dans les écoles d'apprentissage.

11. — Qu'est-ce qu'un cercle ouvrier d'études professionnelles ?

— C'est une réunion d'ouvriers *d'élite,* qui étudient ce qui regarde leur métier, sous la présidence ou avec les conseils d'un Directeur entendu et estimé.

12. — Quelles sont les conditions nécessaires pour le bon fonctionnement d'un cercle ouvrier d'études professionnelles ?

— Il faut : 1° Que l'on n'y étudie que des questions utiles ;

2° Que les ouvriers y viennent avec le désir de s'instruire ;
3° Que le cercle ne soit pas trop nombreux. — L'expérience
prouve qu'il vaut mieux viser à la qualité qu'au nombre.

13. — *Quel est l'ordre suivi ordinairement dans les réunions
d'études ?*

— Le directeur a remis à tous les membres le tract ou la
brochure qui contient la question à étudier, il en explique
quelques passages, sollicite des questions, répond, ou mieux
fait répondre aux objections ; quelquefois il forme un ouvrier
à la parole en lui demandant de résumer le tract ou la
question.

14. — *Qu'est-ce que l'apprentissage ?*

— L'apprentissage est *l'étude pratique* du métier.

15. — *Quels sont les avantages de l'apprentissage ?*

— L'apprentissage développe l'intelligence, le savoir professionnel de l'ouvrier et lui permet d'arriver aux meilleures
places.

16. — *Citez un exemple.*

— Un bâcleur restera toute sa vie rattacheur, s'il a un
apprentissage insuffisant, autrement il arrivera à être vite fileur.

17. — *Pourquoi l'apprentissage est-il de plus en plus négligé ?*

— L'apprentissage est de plus en plus négligé, parce que,
avec les machines perfectionnées on arrive très vite à être
ouvrier médiocre, et à gagner un salaire médiocre, mais
ensuite plus d'efforts et, par conséquent, plus de progrès.

Il y a une autre cause, c'est que les parents désirent que leurs enfants
gagnent *immédiatement*. Ils en font des garçons de course, des marmi-
tons, des télégraphistes. Les enfants et leurs familles mangent ainsi
leur blé en herbe.

18. — *Quels sont les moyens de rétablir l'apprentissage ?*

— Les moyens de rétablir l'apprentissage sont : 1° Former
les élèves aux travaux manuels avant leur sortie de l'école
primaire. 2° Établir de petites écoles d'apprentissage pour
les enfants de 12 à 15 ans.

19. — *Quel doit être le programme d'une école d'apprentissage ?*

— Le programme d'une école d'apprentissage doit comprendre deux parties : 1° Des notions élémentaires sur les questions sociales, les droits et les devoirs des ouvriers ; 2° L'initiation *pratique* à un métier.

BIBLIOGRAPHIE

Notice et programme pour les groupes d'études. — Prix, 0,60 : Lyon, 10, quai de Tilsitt.

Programme d'études pour groupes ruraux et guide du conférencier agricole. — Prix, 0,60 : Lyon, 10, quai de Tilsitt.

Manuel d'économie sociale, par Jules MICHEL. — Prix, 2 fr. : Tours, Mame.

L'éducation populaire, par Max TURMANN. — Paris, Lecoffre.

Guide social de l'action populaire. — Annuaire-almanach pour 1904 et 1905. Prix, 2 fr. chaque volume : Paris, Lecoffre, et Lille, Desclée, De Brouwer et Cⁱᵉ.

Écoles de conférenciers populaires, par Pierre PARET. — Prix, 0,30 : Bruxelles, Schepens, 16, rue Treurenberg.

Cercles d'études sociales, par MALHERBE. — Prix, 0,50 : Bruxelles, Schepens.

Brochures de l'action populaire. — Séries à 0,25 pièce : Lille, 15, rue d'Angleterre.

Bibliothèque de l'ouvrier. — Trente-trois brochures sociales illustrées à 0,05 pièce : Abbeville, Paillart.

Bibliothèque syndicale ouvrière. — Brochures sociales à 0,10 pièce : Paris, 14, rue des Petits-Carreaux.

Conférences brochures, publiées par la Réforme sociale 0,05 pièce : Paris, 54, rue de Seine.

Brochures de propagande. — 0,10 pièce : Paris, 35, rue de Grenelle.

Tracts sociaux, publiés par le Comité de Défense et de Progrès social. — 2 fr. le cent : Paris, 54, rue de Seine.

Tracts sociaux de quatre pages, illustrées. — 1 fr. le cent, 9 fr. le mille, à partir de 10,000 importantes remises Abbeville, Paillart.

PREMIÈRE PARTIE

CAPITAL ET TRAVAIL

CHAPITRE PREMIER

LE TRAVAIL

Le travail. — Travail intellectuel. — Travail manuel. — Division du travail : avantages et inconvénients de cette division. — Les machines.

20. — *Qu'est-ce que le travail ?*

— Le travail est un effort dans un but utile.

Exemple : Le tissage, le labour, la sculpture, le calcul.

21. — *A quoi sert le travail ?*

— Le travail sert à gagner ce qui est nécessaire à la vie ; Dieu a dit : « *Tu mangeras ton pain à la sueur de ton front.* »

C'est donc la loi naturelle de l'existence et ceux qui vivent à ne rien faire sont des fainéants, des incapables et souvent des êtres nuisibles.

« Le travail est d'une telle fécondité, que l'on peut affirmer, sans crainte de se tromper, qu'il est la source unique d'où procède la richesse des nations. » (Léon XIII.)

22. — *Y a-t-il plusieurs espèces de travaux ?*

— Oui, on distingue le travail intellectuel et le travail manuel, suivant que l'âme ou le corps ont plus de part à l'effet accompli.

Exemple : Le prêtre, l'avocat, le juge, le comptable et le journaliste font des travaux intellectuels, le scieur de bois et l'homme de peine font des travaux manuels.

23. — *Qu'est-ce que la division du travail ?*

— La division du travail est *la séparation* des travaux, en sorte que chaque ouvrier ne fait qu'une partie du produit.

24. — *Donnez un exemple de la division du travail dans l'industrie textile.*

— La pièce d'étoffe n'est pas l'ouvrage d'un même ouvrier : mais le travail de fabrication a été *divisé* entre le trieur, le peigneur, le fileur, l'ourdisseur, le rentreur, le tisseur, le teinturier et l'apprêteur.

25. — *Quels sont les avantages de la division du travail ?*

— Les avantages de la division du travail sont : 1° Le développement de l'habileté des ouvriers qui ne font qu'une *seule* chose. — 2° La meilleure répartition du travail, selon les aptitudes. —3° La suppression du temps perdu par la mise en train, quand on change d'occupation. — 4° Le meilleur emploi de l'outillage dont toutes les parties sont utilisées en même temps.

26. — *Donnez un exemple des avantages de la division du travail.*

— Dans une fabrique moderne d'épingles qui occupe dix ouvriers, la production quotidienne est de 48.000 épingles, soit 4.800 par ouvrier. Si ces dix ouvriers avaient travaillé à part toute l'épingle, chacun d'eux n'aurait pas fait 200 épingles dans la journée.

27. — *Quels sont les inconvénients de la division du travail ?*

— Les inconvénients de la division du travail sont : 1° D'arrêter le développement intellectuel de l'ouvrier par des occupations trop uniformes. — 2° D'augmenter les chances de chômage, parce que l'ouvrier n'est formé qu'à une partie du métier.

28. — *Qu'appelle-t-on machines ?*

— On appelle machines, des outils combinés par l'intelligence de l'homme pour appliquer des forces naturelles à l'exécution d'un travail déterminé.

29. — *Citez des exemples ?*

— Le métier à tisser, le renvideur, la machine à coudre.

Le moulin à vent, le moteur à vapeur, les dynamos sont aussi des machines.

30. — *Quels sont les avantages des machines ?*

— 1° Les machines abaissent le prix des objets fabriqués. — 2° Elles fournissent un travail plus régulier et plus précis. — 3° Bien conduites, elles tendent à augmenter le salaire de l'ouvrier et à diminuer l'usure de ses forces. — 4° Elles augmentent, sinon immédiatement, du moins après un certain temps, l'activité de la production.

31. — *Il n'est donc pas vrai de dire que les machines diminuent le nombre des ouvriers ?*

— C'est faux, parce que les machines, en augmentant la production, diminuent le prix de revient et le prix de vente. La consommation augmente, donnant plus d'ouvrage aux ouvriers et l'équilibre se rétablit. *Exemple :* Le métier mécanique a augmenté la production du tissu, et il y a aujourd'hui plus de tisserands dans les usines qu'autrefois de tisserands à domicile.

A Roubaix - Tourcoing, les machines à vapeur ont attiré 60 fois plus d'ouvriers et donné 100 fois plus de salaires qu'il y a un siècle. — Les chemins de fer, qui ont remplacé les diligences, donnent du travail à 400.000 employés et ouvriers.

32. — *Peut-on supprimer les machines ?*

— Non, ce serait mettre beaucoup d'ouvriers dans l'impossibilité de gagner leur vie, mais il faut que les ouvriers profitent de leurs avantages et que l'on évite les inconvénients immédiats et transitoires qu'elles présentent.

CHAPITRE II.

LE CAPITAL.

Le capital. — Ses différentes formes. — Ses divisions : capital fixe, capital circulant. — Union du capital et du travail. — Lutte des classes. — La grève.

33. — *Qu'est-ce que le capital ?*

— On appelle généralement capital l'épargne employée à rendre le travail plus productif. *Exemple :* Une couturière économise 200 francs pour acheter une machine à coudre ; elle a amassé un capital.

34. — *Quelles sont les différentes formes du capital ?*

— Les outils les plus simples, comme la bêche, la hache, la charrue, sont des capitaux à plus juste titre que l'argent monnayé ; mais comme *la monnaie* est devenue le moyen le plus habituel d'évaluer les capitaux, on a fini par la considérer comme constituant à elle seule le capital.

35. — *Comment divise-t-on le capital ?*

— On divise le capital en capital fixe et capital circulant.

36. — *Qu'est-ce que le capital fixe ?*

— Le capital fixe est celui qui reste après la production et peut servir à une autre production. *Exemple :* Le métier à tisser est un capital fixe, parce qu'il reste après que le tisserand a fini sa pièce et qu'il peut servir à en tisser une autre ; — La bêche du laboureur est un capital fixe.

37. — *Qu'est-ce que le capital circulant ?*

— Le capital circulant est celui qui est absorbé dans l'œuvre de la production.

Exemple : La chaîne mise sur le métier à tisser est un capital circulant, parce qu'elle entre dans la pièce fabriquée. La laine, le coton, la soie employés dans l'industrie sont des capitaux circulants.

38. — *Le capital est-il nécessaire ?*

— Oui, le capital est nécessaire parce qu'il est le point de départ de toute organisation du travail productif, et que, sans lui, le travail est incapable d'assurer le bien-être de l'homme.

39. — *Montrez par des exemples la nécessité des grands capitaux.*

— L'ensemble des chemins de fer français a coûté *douze milliards*. — La petite et la moyenne industrie ne livrera jamais un cuirassé de 25 millions. — On se rappelle les craintes du monde lors de l'épuisement du capital de la Compagnie de Suez. — Le travail aurait été impuissant à réaliser ces entreprises s'il n'avait pas été aidé par des capitaux immenses.

40. — *Est-il vrai de dire avec les socialistes que les capitalistes sont des voleurs et des parasites ?*

— Non, les capitalistes ne seraient des voleurs que s'ils avaient acquis leurs biens par des moyens illégitimes ; ils ne sont pas des parasites, puisque leurs capitaux contribuent avec le travail, à la production.

41. — *Quelles sont les principales causes de la destruction des capitaux ?*

— Les principales causes de la destruction des capitaux sont : la paresse et la mauvaise administration, les procès, les guerres politiques, et parfois les grèves, excitées par la lutte des classes.

42. — *Qu'est-ce que la lutte des classes ?*

— On appelle ordinairement *lutte des classes* la lutte des ouvriers contre les patrons, des travailleurs contre les détenteurs du capital.

43. — *Que faut-il penser de la lutte des classes ?*

— La lutte des classes est une erreur, parce que les patrons et les ouvriers « *sont faits pour s'entendre et coopérer à la même œuvre* ».

Il n'y a dans l'industrie « *qu'une seule et même classe : la classe du travail.* » (M. Loubet.)

44. — *Quelles sont les causes de la lutte des classes ?*

— Les causes de la lutte des classes sont de trois sortes :

les causes *économiques*, les causes *politiques* et les causes *morales* ou *religieuses*.

45. — *Citez les causes économiques de la lutte des classes.*

— Les causes économiques de la lutte des classes sont : 1° L'opposition des intérêts ; 2° L'organisation moderne du travail qui sépare le patron de ses ouvriers ; 3° Le manque *d'instruction sociale.*

46. — *Quelles sont les causes politiques de la lutte des classes ?*

— Les causes politiques de la lutte des classes sont les entrainements « *des politiciens qui excitent les haines et les convoitises des ouvriers* ». (M. Loubet).

47. — *Quelles sont les causes morales ou religieuses de la lutte des classes ?*

— Les causes morales ou religieuses de la lutte des classes sont : les abus de certains patrons (le travail du dimanche), le matérialisme, la haine et la jalousie.

48. — *Quels sont les remèdes à la lutte des classes ?*

— Les remèdes à la lutte des classes sont :

1° L'enseignement *social* donné à l'ouvrier ;

2° La création de « *syndicats de conciliation* » disposés à « *une entente loyale et féconde entre employés et employeurs* » ;

3° L'union pour se défendre *des meneurs politiciens.*

4° Les convictions religieuses, la moralisation des ateliers, la bonne éducation de l'enfance.

49. — *Qu'est-ce que la grève ?*

—· La grève est la coalition des ouvriers qui s'entendent pour cesser le travail ; — c'est la *guerre* entre le capital et le travail, et *la guerre* est *toujours un malheur.*

50. — *Quelle est l'opinion du Parti ouvrier sur la grève ?*

— « La grève est *une arme à deux tranchants* qui, employée mal à propos, peut être plus nuisible qu'utile aux intérêts de la classe ouvrière. » (Congrès socialiste de Bruxelles, 1891.)

51. — *Comment peut-on diviser les grèves ?*

— On peut diviser les grèves en grèves *politiques* et grèves *professionnelles.*

52. — *Qu'est-ce que la grève politique ?*

— La grève politique est celle excitée par des meneurs, qui

veulent *rendre leurs choses*, remplir leurs poches, ou décrocher un mandat de *maire* ou de *député*.

53. — *Quel est le résultat de la grève politique ?*

— Le résultat de la grève politique est *toujours* une augmentation de misère pour l'ouvrier ; l'argent et les bonnes places sont pour les meneurs.

54. — *Comment éviter les grèves politiques ?*

— Pour éviter les grèves politiques, il faut s'organiser sur le terrain exclusivement professionnel et faire *la guerre* aux meneurs politiciens.

55. — *Qu'est-ce que la grève professionnelle ?*

— La grève professionnelle est celle qui a pour cause une *revendication professionnelle*, par exemple une augmentation de salaire ou une modification au règlement.

56. — *Quels sont les moyens d'éviter la grève professionnelle ?*

— Les moyens d'éviter la grève professionnelle, tout en obtenant les mêmes résultats sans risquer les mêmes détresses, sont : *la transmission des plaintes* et les *chambres d'explications*.

57. — *Comment organiser la transmission des plaintes ?*

— Au moyen des conseils de fédération dont il est question au chapitre II de la seconde partie.

58. — *De quoi se composent les chambres d'explications ?*

— Les chambres d'explications se composent de délégués patrons et de délégués ouvriers qui, dans un but d'union et de concorde, discutent *amicalement* leurs intérêts.

59. — *Quel est le but des chambres d'explications ?*

— Le but des chambres d'explications est :

1° De *rapprocher* les patrons et les ouvriers ;

2° De *renseigner* les uns et les autres sur les difficultés ;

3° De donner sur les questions de travail *des avis*, conformément à *l'article 6 de la loi de 1884*.

60. — *Quel est le moyen employé par le Gouvernement pour faire cesser les grèves ?*

— C'est la convocation devant le *juge de paix*, mais ce moyen est le plus souvent inefficace, car s'il est possible de rapprocher patrons et ouvriers *avant* que la grève éclate, cela devient beaucoup plus difficile *lorsque le travail a cessé.*

61. — *Que doivent faire les ouvriers avant d'interrompre le travail?*

— Les ouvriers, dans aucun cas et sous aucun prétexte, ne devraient jamais abandonner le travail avant d'avoir épuisé tous les moyens de conciliation soit par eux-mêmes, soit par les chambres d'explications.

62. — *Citez des exemples.*

— Voici deux articles tirés des statuts du syndicat du Creusot :

ART. 40. — *Le Conseil reçoit, examine et appuie, s'il y a lieu, les demandes et réclamations de ses membres.*

ART. 41. — *Il fera tous ses efforts pour assurer une solution juste, raisonnable et amiable des questions qui lui seront soumises et de celle qu'il croirait devoir soulever* lui-même.

Il ne proposera la grève qu'à la dernière extrémité *et après avoir usé de tous les moyens de conciliation.*

La grève ne pourra être décidée que par l'Assemblée générale *votant* au scrutin secret *sur* la proposition *du Conseil et à une majorité des deux tiers des membres actifs. Elle devra être déclarée, dans l'intérêt de tous, au moins* dix jours à l'avance, *afin de respecter la loi qui consacre l'usage de la dizaine.*

Voici le Règlement voté en Assemblée générale des Syndicats indépendants de Tourcoing.

ARTICLE 1er. — En cas de menace de grève, de différend ou de contestation avec les patrons, soit au sujet du travail ou pour tout autre cause, tout ouvrier syndiqué, travaillant dans l'usine où le différend se produit, doit immédiatement avertir le bureau central de la fédération.

ART. 2. — Tout ouvrier en entrant dans la fédération s'engage dans tous les cas visés à l'article 1er, à ne jamais se mettre en grève avant que le Conseil de corporation et le Conseil de conciliation aient déclaré avoir épuisé tous les moyens de conciliation sans résultat.

L'ouvrier syndiqué doit en ce cas aviser le bureau central.

ART. 3. — En cas de grève déclarée, les syndiqués forcés au chômage se réuniront tous les jours au siège de l'Union fédérale de leur profession.

ART. 4. — Dans les cas urgents, quand les présidents jugeront nécessaire de convoquer leur groupement en dehors des époques prévues, et que la convocation portera la mention *Urgent*, tout syndiqué est tenu, sous peine d'amende, à fixer par son syndicat, à assister à ladite réunion.

ART. 5. — Tout manquement grave individuel au présent règlement sera déféré devant le Conseil du Syndicat auquel appartient le syndiqué contrevenant; le Conseil en ce cas appliquera l'une des pénalités prévues au paragraphe 3 de l'article 4 des statuts, ou renverra la cause devant le Conseil d'Union fédérale.

ART. 6. — Tout manquement au présent règlement comme syndicat, sera déféré d'office devant le Conseil d'Union fédérale, qui appliquera au syndicat contrevenant l'une des pénalités prévues à l'article 10 des statuts des Unions fédérales.

ART. 7. — Le présent règlement, voté en Assemblée générale, est applicable dans tous les syndicats des trois Unions fédérales, de triage et peignage, de filature et de tissage, et ne pourra être modifié que sur la proposition du Conseil de la fédération et par décision de l'Assemblée générale. »

La grève professionnelle est parfois nécessaire lorsque *tous les moyens de l'éviter* auront été employés. L'ouvrier a le droit de défendre ses intérêts, s'il ne peut le faire que par la grève, nul ne saurait lui en faire un grief.

CHAPITRE III

LE SALAIRE

Rémunération du travail. — Salaire : ses divers modes. — Minimum de Salaire. — Participation aux bénéfices. — Saisie-arrêt sur les salaires.

63. — *Qu'est-ce que le salaire ?*

— Le salaire est le prix ou la rémunération du travail.

Exemple : Les ouvriers qui reçoivent un salaire à l'heure ou à la quinzaine, le commis de magasin, l'employé d'une administration, le préfet d'un département sont des *salariés*.

64. — *Quels sont les différents modes de rémunération par le salaire ?*

-- On distingue : 1° Le salaire à l'heure ; 2° le salaire à la production ; 3° le salaire avec primes de production.

65. — *Donnez des exemples.*

— 1. Un ouvrier payé 40 centimes de l'heure reçoit le salaire à *l'heure*.

2. Un tisserand payé *tant* du mètre, une ouvrière de retorderie payée à *tant* du kilog. reçoit le salaire *à la production*.

3. Un rattacheur qui touche 3 fr. par jour, plus *les primes* accordées au-dessus de la production *minimum*, reçoit le salaire *avec primes de production*.

66. — *Que pensez-vous du salaire à l'heure ?*

— Le salaire à l'heure est le mode ordinaire de rémunération dans beaucoup de métiers ; il sauvegarde les intérêts de tous pourvu que l'ouvrier s'acquitte consciencieusement de son travail et reçoive une rémunération équitable.

67. — *Que pensez-vous du salaire à la production ?*

— Quand il est possible, le salaire à la production est le plus avantageux pour l'ouvrier et pour le patron à condition que la rémunération soit équitablement fixée.

68. — *Pourquoi ?*

— 1. Parce que le travail à la production est plus lucratif pour l'ouvrier actif et intelligent, puisqu'il dépend de lui de travailler *vite* et *bien*.

2. Le patron peut plus facilement établir son prix de revient, pourvu que l'intérêt de l'ouvrier garantisse la bonne exécution du travail.

69. — *Que pensez-vous du salaire avec primes de production ?*

— Le salaire avec primes de production, étant une combinaison du salaire à l'heure et du salaire à la production, nous semble le meilleur, parce qu'il garantit le salaire à l'heure lorsque la production ne permet pas de faire des primes.

70. — *Quel est le but du salaire ?*

— Le but du salaire est de permettre à l'ouvrier de vivre en travaillant ; le salaire doit donc être suffisant pour l'ouvrier sobre et honnête.

Pendant une *morte saison*, il peut arriver que le travail se paie un taux inférieur à l'entretien du travailleur, comme les marchandises se vendent au-dessous du prix de revient : *c'est un état de crise.*

D'autre part, si les affaires marchent bien, il est équitable que l'ouvrier puisse économiser en prévision des mauvais jours et de la vieillesse.

71. — *Que pensez-vous de l'égalité des salaires ?*

— L'égalité des salaires est injuste et impossible.

72. — *Pourquoi dites-vous que l'égalité des salaires est injuste ?*

— Parce qu'il est injuste de payer le même prix des ouvriers qui n'ont ni le même ouvrage, ni la même fatigue, ni la même habileté professionnelle.

73. — *Pourquoi dites-vous que l'égalité des salaires est impossible ?*

— Parce que les prix de vente et le coût de la vie, variant avec chaque pays, les salaires qui doivent leur être proportionnels ne peuvent être égaux.

74. — *Qu'est-ce que le minimum de salaire ?*

— Le minimum de salaire, c'est la somme nécessaire à l'ouvrier pour vivre conformément à sa condition. — Ce minimum est égal à la subsistance journalière du travailleur dans des conditions normales ; il est donc variable avec les pays.

75. — *Que faut-il penser de la fixation légale d'un minimum de salaire ?*

— Les avis sont partagés :

Les uns pensent que cette fixation légale serait avantageuse à l'ouvrier en lui assurant un salaire toujours suffisant. — D'autres affirment que cette fixation réduirait à zéro la semaine des petits ouvriers, des malades, des vieillards, augmenterait le chômage et forcerait le patron, en temps de morte saison, à priver de travail une partie de son personnel.

76. — *De quoi dépend le salaire dans l'industrie textile ?*

— Dans l'industrie textile, le salaire dépend des tarifs, du machinisme, de la qualité des matières, de la durée légale du travail, de son organisation et surtout de la marche des affaires.

77. — *Une hausse des tarifs augmente-t-elle toujours le salaire ?*

— Une hausse des tarifs augmente le salaire si le travail reste aussi facile et aussi abondant, mais souvent la hausse des tarifs fait baisser les commissions, augmente les jours de chômage et l'ouvrier constate au bout de l'année qu'il gagne moins.

78. — *Donnez des exemples ?*

— Après la hausse des tarifs au 1ᵉʳ avril 1904, après les grèves de Marseille, beaucoup d'ouvriers constatent qu'ils gagnent moins.

79. — *Comment l'ouvrier doit-il calculer son salaire ?*

— L'ouvrier doit calculer son salaire en divisant par 365 son gain annuel, puisque, pour vivre, il faut dépenser tous les jours.

Le point capital pour l'ouvrier, c'est *la régularité du salaire.* Mieux vaut travailler avec un tarif plus bas *six jours* à 4 fr. 50 par jour, ce qui fait 27 fr., que de travailler avec un plus fort tarif quatre jours par semaine à 5 fr., ce qui fait 20 fr. *Le chômage* diminue le salaire de l'ouvrier.

80. — *Qu'appelle-t-on participation aux bénéfices ?*

— On appelle participation aux bénéfices, une répartition annuelle, faite entre les employés ou ouvriers d'un établissement, d'une part plus ou moins grande du bénéfice net réalisé pendant l'année.

81. — *Ce système donne-t-il de bons résultats ?*

— Oui, parce qu'il crée un lien entre patrons et ouvriers et augmente le zèle et l'intérêt de l'ouvrier pour son travail ; mais il est souvent difficile à appliquer, parce que le patron n'est pas tenu de montrer son inventaire, qu'une industrie n'a pas toujours des bénéfices à partager et que les ouvriers ne peuvent pas ou ne veulent pas participer aux pertes.

82. — *Qu'est-ce que la saisie-arrêt sur les salaires ?*

— C'est le pouvoir donné aux créanciers de saisir le salaire de l'ouvrier pour se payer.

83. — *Quelle est actuellement la législation française sur la saisie-arrêt ?*

— D'après la loi de 1895, les créanciers peuvent toujours saisir le dixième du salaire des ouvriers, et même tout le salaire quand il s'agit de pensions alimentaires.

84. — *Quelle est la législation étrangère sur la saisie-arrêt ?*

— En Allemagne, en Angleterre, en Norwège, en Hongrie,

en Espagne et au Brésil, le salaire des ouvriers est *totalement* insaisissable.

85. — *Quels sont les inconvénients de la saisie-arrêt?*

— Les principaux inconvénients de la saisie-arrêt sont : l'exploitation de l'ouvrier par le petit commerce, les huissiers et souvent la perte de sa place à l'usine.

86. — *Que doit faire l'ouvrier menacé de saisie-arrêt sur son salaire?*

— L'ouvrier menacé de saisie-arrêt doit demander conseil au secrétariat du peuple, afin qu'on lui indique les moyens d'agir au mieux de ses intérêts.

BIBLIOGRAPHIE

Les grèves, par Léon de SEILHAC. — Prix, 2 fr. : Paris, Lecoffre.

Les grèves et la conciliation, par A. FONTAINE. — Prix, 1 fr. : Paris, Armand Colin.

La grève d'Armentières, par V. LOISELET. — Prix, 0,25 : Lille, 15, rue d'Angleterre.

Exploiteurs de l'ouvrier. — Conciliation et arbitrage. — L'histoire d'une grève. — Après la grève. — Brochures illustrées à 0,05 : Abbeville, Paillart.

Le rôle du capital et du travail. — La liberté du travail et l'arbitrage obligatoire. — Grèves, arbitrage et syndicats. — Conférences, brochures à 0,05 : Paris, 54, rue de Seine.

DEUXIÈME PARTIE

ORGANISATIONS PROFESSIONNELLES

CHAPITRE PREMIER

SYNDICATS

Syndicats professionnels. — Étude et défense des intérêts professionnels. — Coopération. — Enseignement syndical. — Placement. — Assurances.

87. — *Qu'entend-on par syndicats professionnels ?*

— Les syndicats professionnels sont des unions de personnes exerçant la *même profession* ou des professions similaires, formées pour *l'étude* et la *défense* des intérêts *moraux*, professionnels et économiques des associés.

Plusieurs syndicats ont cru ne pouvoir viser qu'un but *économique* ; ils ne sont donc pas professionnels, en ce sens qu'ils organisent la profession, mais uniquement en ce sens qu'ils tendent à procurer certains avantages à des ouvriers de même profession.

88. — *Quel est le premier but des syndicats professionnels ?*

— Le premier but des syndicats professionnels est *l'étude* du *métier* et des *intérêts* professionnels.

89. — *Cette étude est-elle nécessaire ?*

— Oui, cette étude est *nécessaire* pour que les membres du syndicat, ou du moins *une élite* d'entre eux, *connaissent* les questions et arrivent à les *résoudre* équitablement, sans amener *la ruine de l'industrie* et du patron, ce qui ferait *le malheur* de l'ouvrier.

90. — *Quelles questions les syndiqués doivent-ils étudier ?*

— L'apprentissage du métier, *le règlement d'atelier, le salaire, ses variations* et toutes les questions qui s'y rapportent, l'hygiène et la *moralité* dans les ateliers, *les grèves, le chômage*, les accidents professionnels, etc...

91. — *Quel est le second but des syndicats professionnels ?*

— Le second but des syndicats professionnels, c'est la *protection des intérêts* des syndiqués, lorsque ceux-ci sont lésés ou que des améliorations sont jugées *indispensables.*

92. — *Comment l'ouvrier syndiqué doit-il défendre ses intérêts ?*

— L'ouvrier syndiqué doit défendre ses intérêts avec *calme*, justice, et sans écouter *les meneurs de grèves.*

93. — *Quel est pour l'ouvrier syndiqué le meilleur moyen d'obtenir justice ?*

— C'est de faire *examiner* et *présenter* sa plainte par son syndicat.

94. — *Comment l'ouvrier syndiqué peut-il présenter sa plainte ?*

— L'ouvrier syndiqué peut présenter sa plainte, soit en la déposant dans *la boîte aux réclamations*, soit en la donnant *au président de son syndicat*, qui la portera au *Conseil fédéral.*

95. — *Quels sont les services annexes d'un syndicat ?*

— Les services annexes d'un syndicat sont : la coopération, l'enseignement professionnel, les secours en cas de chômage, le placement, les assurances.

96. — *Comment le syndicat peut-il organiser la coopération ?*

— Le syndicat peut organiser la coopération en établissant des coopératives, des sociétés de consommation ou en procurant aux syndiqués des remises chez les fournisseurs privilégiés.

C'est la coopérative qui le plus souvent fournira au syndicat une partie des ressources financières nécessaires à son fonctionnement, en lui permettant de garder son indépendance.

97. — *Comment le syndicat peut-il organiser l'enseignement professionnel ?*

— Le syndicat peut organiser l'enseignement professionnel en instituant : des écoles d'apprentissage, des écoles techniques, des cours du soir professionnels, des conférences professionnelles, des concours professionnels et des bibliothèques syndicales.

98. — *Que peut faire enseigner le syndicat ?*

— Le syndicat peut faire enseigner tout ce qui est utile à la profession : écriture, comptabilité, dactylographie, langues étrangères, dessin, coupe, mécanique, électricité industrielle, physique et chimie industrielle, questions sociales, etc...

99. — *Comment doivent être organisées les bibliothèques syndicales ?*

— Les bibliothèques syndicales doivent contenir des collections de tracts, brochures, revues sociales et des séries d'ouvrages clairs et précis, destinés à perfectionner l'instruction morale et technique des ouvriers.

100. — *Comment le syndicat peut-il organiser le placement ?*

— Le syndicat peut organiser le placement en centralisant les offres et les demandes d'emploi, et en les transmettant aux intéressés.

101. — *Comment le syndicat peut-il organiser des assurances ouvrières ?*

— Le syndicat peut organiser des assurances ouvrières en établissant des sociétés de secours mutuels, des caisses de retraite et des caisses de chômage.

CHAPITRE II

FÉDÉRATIONS

Fédérations patronales, ouvrières. — Union dans l'autonomie. — Transmission des plaintes. — Chambres d'explications. — Conseils consultatifs du travail.

102. — *Qu'est-ce que la fédération syndicale ?*

— La fédération syndicale est l'union de plusieurs syndi-

cats professionnels régulièrement constitués d'après les pres-
criptions de la loi du 21 mars 1884.

103. — *Y a-t-il plusieurs espèces de fédérations ?*

— Oui, on distingue les fédérations patronales, les fédérations ouvrières et les fédérations qui groupent à la fois patrons
et ouvriers.

104. — *Quelle est la plus parfaite des trois ?*

— C'est la fédération qui établit l'union entre les syndicats patronaux et ouvriers, tout en leur conservant leur entière
autonomie.

105. — *Comment se maintient l'union entre syndicats ?*

— L'union se maintient, soit par le conseil fédéral entre
syndicats fédérés, soit par une commission mixte entre syndicats séparés.

L'expérience prouve qu'une *commission mixte*, fonctionne difficilement
entre syndicats *séparés;* toute réunion où l'on veut traiter *à l'amiable*
d'intérêts *contraires,* suppose, *au préalable, un rapprochement* et la
certitude que les droits de chacun seront respectés.

106. — *Quel est le but de la fédération ?*

— Le but de la fédération est l'étude et la défense des
intérêts communs du métier. Quant aux intérêts différents,
le conseil fédéral cherche amiablement les concessions réci-
proques à se faire entre patrons et ouvriers pour éviter la
grève.

107. — *Quels sont les principaux avantages de la fédération ?*

— La fédération : 1° Facilite l'examen impartial des revendications ouvrières. — 2° Elle prévient les grèves et mises
en interdit.— 3° Elle solutionne les conflits. — 4° Elle permet
d'exercer une action efficace sur les pouvoirs publics pour
obtenir de bonnes lois ouvrières.

108. — *Comment la fédération facilite-t-elle l'examen impartial des revendications ouvrières ?*

— En organisant la transmission des plaintes.

109. — *Comment s'opère la transmission des plaintes?*

— Les plaintes, présentées par écrit au conseil fédéral et
examinées par lui, sont transmises au patron, soit directe-

ment, soit par l'intermédiaire du président de la chambre d'explications.

110. — Comment la fédération prévient-elle les grèves ou mises en interdit ?

— Par l'établissement d'une chambre d'explications composée de patrons et d'ouvriers.

111. — Comment la fédération peut-elle solutionner les conflits ?

— Par l'établissement de conseils permanents de conciliation et d'arbitrage.

112. — Comment la fédération peut-elle obtenir de bonnes lois ouvrières ?

— Par les conseils consultatifs du travail chargés de donner officiellement leur avis aux pouvoirs publics avant l'élaboration des lois ouvrières.

113. — Les syndicats fédérés sont-ils indépendants ?

— Oui, les syndicats fédérés sont indépendants : 1º Parce qu'ils gardent leur autonomie et leur administration particulières ; 2º Parce qu'ils peuvent étudier en toute liberté leurs intérêts différents, et les défendre, même par la grève, s'ils la jugent nécessaire.

Les syndicats fédérés ne sont ni séparés, ni parallèles ; ils tendent à maintenir l'union nécessaire entre les patrons et ouvriers, dans le respect des droits de chacun.

CHAPITRE III.

BOURSES DU TRAVAIL.

But principal et buts secondaires. — Organisations mixtes de placement. — Secrétariat du peuple.

114. — Qu'est-ce qu'une Bourse du travail ?

— C'est *le marché* du travail.

De même qu'il y a des marchés au beurre, au poisson, aux légumes, on a établi dans plusieurs grandes villes des locaux pour *les offres et les demandes* de travail, c'est ce qu'on appelle Bourse du travail.

115. — *Quel est le but principal de la Bourse du travail ?*

— Le but principal de la Bourse du travail est de faciliter *le placement* des ouvriers.

116. — *Ne peut-il pas y avoir des buts secondaires ?*

— Bien souvent pour utiliser les bâtiments de cette Bourse du travail, on y donne abri aux divers syndicats légalement constitués et à leurs œuvres. (*Bureau de placement, Caisse de chômage, Cours professionnels, Bibliothèque, Viaticum ouvrier, etc.*)

117. — *Qu'est-ce qu'un bureau de placement ?*

— Un bureau de placement est *un office de renseignements pour les offres et les demandes de travail.* (Loi de 1884. Art. 6.)

C'est la partie essentielle d'une Bourse du travail, l'endroit où les ouvriers sans travail viennent *demander une place* et où les patrons envoient *chercher des ouvriers*, quand ils en ont besoin.

118. — *Quels sont les droits des syndicats professionnels pour le placement ?*

— Les syndicats professionnels *peuvent librement créer et administrer* des bureaux gratuits de placement. (Loi de 1884. Art. 6.)

119. — *Un bureau de placement syndical peut-il placer dans tous les métiers et pour toute la ville ?*

— Oui, mais beaucoup de syndicats placent uniquement les syndiqués et leurs enfants.

120. — *Que doivent faire les pères de famille syndiqués dont les enfants vont commencer à travailler ?*

— Ils doivent les faire inscrire *le plus vite possible*, en indiquant leur nom, âge, temps d'études et la place qu'ils désirent obtenir pour eux.

121. — *Qu'est-ce que le viaticum ouvrier ?*

— C'est un secours de route donné aux chômeurs qui vont chercher de l'ouvrage au dehors.

122. — *Donnez un exemple des services centralisés dans une bourse du travail ?*

— A Liège, le secrétariat des œuvres sociales centralise :

1° Le service de mutualité avec 98 sociétés de secours mutuels et 160 de retraites ouvrières ; — 2° Le service des conférences populaires ; — 3° Les pensions de vieillesse ; — 4° Les habitations ouvrières à bon marché ; — 5° Les bibliothèques sociales ; — 6° Le secrétariat du peuple.

123. — *Qu'appelle-t-on secrétariat du peuple ?*

— On appelle secrétariat du peuple, un bureau ouvert au public pour lui rendre certains services.

124. — *A qui le secrétariat du peuple rend-il service ?*

— Le secrétariat du peuple rend service à tous ceux qui sont dans la peine et dans le besoin sans distinction d'opinions politiques ou religieuses.

125. — *Quels sont les services rendus par le secrétariat du peuple ?*

— 1° Il rédige les lettres que les ouvriers lui demandent ; — 2° Il lit et explique au besoin les lettres reçues et y répond si on le désire ; — 3° Il renseigne sur toutes les questions particulières qui lui sont soumises ; — 4° Il donne la marche à suivre pour la défense des intérêts personnels des ouvriers, tant pour demander justice que pour se défendre ; — 5° Il donne des conseils sur les contrats de location et sur les précautions à prendre vis-à-vis de propriétaires ou de fondés de pouvoir de mauvaise foi ; — 6° Il demande au besoin des pièces d'état civil pour toutes affaires pouvant intéresser les ouvriers ou nécessaires pour faire la preuve d'un droit à un héritage ; — 7° Il donne les avis nécessaires en cas d'accidents de travail.

126. — *N'y a-t-il pas des Bourses du travail qui se sont écartées de leur but primitif ?*

— Oui, certaines Bourses du travail sont devenues des centres d'agitation révolutionnaire.

127. — *Pourquoi ?*

— Parce que, s'écartant de leur but légal qui est l'étude et la défense des intérêts professionnels des syndiqués, elles font *de la politique.*

128. — *L'État ou la Municipalité peuvent-ils nommer le Conseil d'administration d'une Bourse du travail ?*

— Non, car cette Bourse ne serait plus indépendante.

129. — *Une Bourse du travail peut-elle s'administrer elle-même ?*

— Oui, une Bourse du travail peut et *doit* s'administrer *elle-même, tout comme* le Conseil des Prud'hommes, la Chambre de Commerce, le Tribunal de Commerce et le Conseil du travail.

130. — *Comment doit-être composé le conseil d'administration d'une Bourse du travail ?*

— Le conseil d'administration d'une Bourse du travail doit être composé d'un nombre égal de patrons et d'ouvriers.

131. — *Donnez un exemple ?*

— « La Bourse du travail d'Anvers est administrée par un conseil assisté d'un secrétaire *permanent* avec voix consultative et composé par moitié de délégués des ouvriers et de délégués des chefs d'industrie. » (Article 3 des statuts.)

132. — *Quels sont les syndicats qui peuvent avoir leur siège à la Bourse du travail ?*

— Tous les syndicats professionnels légalement constitués peuvent siéger à la Bourse du travail, puisque *tous* appartiennent à la *classe du travail.*

BIBLIOGRAPHIE

Syndicats, Fédérations, Bourses du travail, par L. de SEILHAC. — Prix, 3 fr. : Paris, Ar. Colin.

Syndiquez-vous. — La propagande. — Brochures illustrées à 0,05 : Abbeville, Paillart.

Le fil et l'aiguille. — Syndicat agricole, par De GAILHARD-BANCEL. — Associations et Syndicats, par L. de SEILHAC. — Syndicat agricole de Champagne. — Syndicat central des Unions fédérales. — Brochures à 0,25 pièce. — Lille, 15, rue d'Angleterre.

Associations ouvrières et associations patronales, par Hubert VALLEROUX. — Prix, 6 fr. : Paris, 54, rue de Seine.

TROISIÈME PARTIE

ÉPARGNE ET ASSURANCES

CHAPITRE PREMIER

L'ÉPARGNE

Caisses d'épargne. — Versements. — Remboursements. — Caisses d'épargne postales. — Caisses d'épargne scolaires.

133. — *Qu'est-ce qu'épargner?*

— Epargner, c'est prélever une part du gain quotidien sans autre obligation que celle que commande la prévoyance.

134. — *Comment faire pour conserver l'épargne?*

— Les économies, si on les garde à la maison, sont exposées à l'incendie ou aux voleurs ; il vaut mieux les mettre à la caisse d'épargne.

135. — *A quoi sert la caisse d'épargne?*

— La caisse d'épargne garde le petit capital tout en le laissant à la portée de son propriétaire et en lui donnant des intérêts.

136. — *Comment s'effectuent les versements à la caisse d'épargne?*

— Ces versements s'effectuent contre la remise d'un livret individuel sur lequel sont inscrites toutes les opérations relatives aux versements, remboursements et comptes d'intérêts.

137. — *Quelles sont les limites des versements?*

— Le versement minimum est de un franc et depuis la

loi de 1895, le compte du déposant ne peut plus dépasser 1.500 francs.

138. — *Comment s'effectuent les remboursements*

— Les caisses d'épargne ne sont tenues d'effectuer les remboursements, sur le vu des livrets, que quinze jours après la demande, mais beaucoup remboursent immédiatement.

139. — *Qu'appelle-t-on la clause de sauvegarde ?*

— D'après la loi de 1881, il est permis, en temps de crise, aux caisses d'épargne, pour parer aux dangers des remboursements subits et en masse, de ne rembourser que par acomptes de 50 francs au minimum et par quinzaine.

140. — *Quel est le taux de l'intérêt ?*

— Les caisses d'épargne ne servent aux déposants que l'intérêt diminué des frais d'administration, c'est-à-dire de 2 fr. 50 à 2 fr. 80 pour cent.

141. — *Qu'appelle-t-on caisses d'épargne postales ?*

— On appelle caisses d'épargne postales, les succursales établies dans les bureaux de poste et qui mettent à la portée de tous cette institution de prévoyance.

142. — *Qu'appelle-t-on caisses d'épargne scolaires ?*

— On appelle caisses d'épargne scolaires, des intermédiaires qui versent aux caisses d'épargne, ordinaires et postales, les économies des enfants, lorsqu'elles atteignent *un franc*, minimum exigé pour les versements.

143. — *Quel est le but des caisses d'épargne scolaires ?*

— Le but des caisses d'épargne scolaires est de développer dans la jeunesse des habitudes d'ordre et d'économie.

144. — *Combien la caisse d'épargne scolaire a-t-elle déjà recueilli ?*

— La caisse d'épargne scolaire a déjà recueilli plus de *douze millions*.

CHAPITRE II

ASSURANCE CONTRE LES ACCIDENTS.

La loi de 1898. — Le risque professionnel. — Les indemnités. — Que doit faire l'ouvrier blessé ?

145. — *Quel est le droit donné à l'ouvrier par la loi du 9 avril 1898 ?*

— D'après cette loi, tout accident de travail présentant les conditions requises, donne droit à une indemnité au profit de *l'ouvrier* ou de *l'employé* qui en a été la victime.

146. — *Quelles sont les conditions pour qu'un accident donne droit à une indemnité ?*

— Pour qu'un accident donne droit à une indemnité : 1° L'accident doit être survenu *par le fait* ou *à l'occasion du travail*. 2° L'incapacité de travail doit avoir duré *plus de quatre jours*. 3° Il faut que la victime soit ouvrier ou employé dans une des industries énumérées par la loi.

147. — *Que veulent dire ces mots : « par le fait ou à l'occasion du travail »?*

— Ces mots veulent dire que, pour avoir droit à une indemnité, il faut que l'accident ait eu pour *cause directe* le travail de l'ouvrier blessé.

148. — *Donnez des exemples.*

— En allant à son travail, un ouvrier tombe dans la rue et se casse la jambe, pas d'indemnité ; mais s'il tombe dans la rue *en service commandé* et se casse une jambe, il a droit à une indemnité.

149. — *Quel est le montant des indemnités à servir aux employés ou ouvriers victimes d'accidents de travail ?*

— Il faut distinguer trois cas : 1° Incapacité temporaire ; 2° Incapacité permanente partielle ; 3° Incapacité permanente absolue.

150. — *Quelle est l'indemnité en cas d'incapacité temporaire ?*

— En cas d'incapacité *temporaire* la victime a droit aux

frais médicaux et pharmaceutiques, et à une indemnité journalière égale à la moitié du salaire touché au moment de l'accident.

151. — *A partir de quel jour l'ouvrier touche-t-il l'indemnité ?*

— L'ouvrier touche à partir du *cinquième* jour et pendant tous les jours de la semaine, dimanches et jours de fêtes.

152. — *Quelle est l'indemnité en cas d'incapacité permanente partielle ?*

— En cas d'incapacité *permanente partielle*, l'ouvrier a droit aux frais médicaux et pharmaceutiques, et à une rente égale à la moitié de la réduction que l'accident a fait subir à son salaire annuel.

153. — *Comment est évalué ce salaire ?*

— Ce salaire est évalué par la rémunération effective qui a été allouée à l'ouvrier, soit en argent, soit en nature, pendant les douze mois écoulés avant l'accident.

154. — *Quelles sont les indemnités à donner aux ouvriers en cas d'incapacité permanente absolue ?*

— En cas d'incapacité *permanente absolue*, l'ouvrier a droit :

1° Aux frais médicaux pharmaceutiques ;

2° A une rente égale aux deux tiers de son salaire annuel.

155. — *Quelles sont les indemnités si l'accident est suivi de mort ?*

— Si l'accident est suivi de mort, le patron est tenu : 1° D'acquitter les frais médicaux pharmaceutiques si la victime a survécu quelque temps ; 2° Les frais funéraires (100 francs au maximum) ; 3° Il doit payer des indemnités aux ayants-droit.

156. — *Quelles sont ces indemnités aux ayants-droit ?*

— Il faut distinguer deux cas : 1° Il y a un *conjoint* survivant ; 2° Les enfants n'ont plus ni père ni mère.

157. — *Quelles sont les indemnités dans le cas d'un conjoint survivant ?*

— 1° Une rente égale à *vingt pour 100* du salaire annuel du défunt au conjoint survivant ; 2° Une rente aux enfants au-dessous de 16 ans, — 1 enfant, 15 pour 100, — 2 enfants,

25 pour 100, — 3 enfants, 35 pour 100, — 4 enfants, 40 pour 100 du salaire annuel.

158. — *Quelles sont les indemnités s'il ne reste plus de conjoint survivant ?*

— Les orphelins de père et de mère touchent chacun une rente de 20 pour 100 du salaire annuel, sans que l'ensemble de leurs rentes puisse dépasser 60 pour 100.

159. — *Quels sont les cas où l'ouvrier victime d'un accident de travail n'a pas droit aux indemnités ?*

— 1° Lorsque la victime ne laisse ni conjoint, ni enfant de moins de 16 ans, ni ascendants ou descendants à sa charge ; 2° Lorsque l'ouvrier étant étranger, ses ayants-droit ne résidaient pas sur le territoire français au moment de l'accident ; 3° Lorsque l'ouvrier a *intentionnellement* provoqué l'accident.

160. — *Quel est le cas où l'indemnité est diminuée ?*

— Le Tribunal peut diminuer l'indemnité autant qu'il le veut, quand il est prouvé que l'accident est dû à une faute *inexcusable* de l'ouvrier.

161. — *Citez des exemples de fautes inexcusables de l'ouvrier.*

L'ouvrier se met en état de faute *inexcusable* par la désobéissance aux ordres formels du patron ou du contre-maître, ou aux avertissements réitérés du patron.

Le Tribunal de Nevers a décidé que l'ouvrier qui a essayé d'arrêter avec la main une scie circulaire en marche, a commis *la faute inexcusable*.

162. — *L'état d'ivresse met-il l'ouvrier dans le cas de faute inexcusable ?*

— Oui, lorsque l'ivresse est la cause certaine et directe de l'accident.

163. — *Que doit faire un ouvrier blessé ?*

— L'ouvrier blessé doit *immédiatement* avertir le patron ou son représentant ; ceux-ci font constater l'accident par le médecin pour la déclaration à la mairie.

L'ouvrier, en cas de refus, peut faire lui-même ces deux démarches.

CHAPITRE III

ASSURANCE CONTRE LA MALADIE

Sociétés de secours mutuels. — Leur but. — Membres honoraires et membres participants. — Sociétés approuvées.

164. — *Comment l'ouvrier peut-il éviter la misère en temps de maladie ?*

— En entrant dans une société de secours mutuels.

A ceux qui vous disent : *Je n'ai jamais été malade ! Je ne le serai jamais !...* répondez : « Vous n'êtes pas malade, vous le serez demain, dans un mois, dans un an... et alors ? »

165. — *Quel est le but des sociétés de secours mutuels ?*

— Le but des sociétés de secours mutuels est de distribuer, pendant la maladie, les épargnes réalisées dans les jours de santé.

166. — *Que faut-il faire pour recevoir ces secours ?*

— Pour recevoir ces secours, il faut payer une petite cotisation.

167. — *A quoi sert cette petite cotisation ?*

— Cette petite cotisation, versée par beaucoup d'ouvriers, forme un grand capital ; les petits ruisseaux forment les grandes rivières.

168. — *A quoi sert ce capital ?*

— Ce capital sert à aider tous ceux qui tombent malades.

169. — *Qu'arrive-t-il à celui qui n'est jamais malade ?*

— Celui qui n'est jamais malade a joui de la sécurité et, par un faible sacrifice, il s'est assuré contre la misère.

A ceux qui disent : *A quoi bon payer pour les autres !....* Répondez : *Il faut secourir avant d'être secouru !...*

170. — *Combien y a-t-il de sortes de membres dans les sociétés de secours mutuels ?*

— Il y a les membres participants et les membres honoraires

171. — *Qu'appelle-t-on membres honoraires ?*

— On appelle membres honoraires ceux qui versent des cotisations, mais renoncent aux avantages réservés aux membres participants.

172. — *Quelle est l'utilité des membres honoraires ?*

— L'admission des membres honoraires augmente les ressources de la société, et rapproche des ouvriers les patrons ou autres personnes généreuses qui veulent bien se faire inscrire.

173. — *Y a-t-il plusieurs sortes de sociétés de secours mutuels ?*

— Oui, il y a les sociétés reconnues et approuvées et les sociétés libres.

174. — *Quels sont les avantages accordés aux sociétés de secours mutuels approuvées ?*

— Les sociétés approuvées jouissent de la personnalité civile, reçoivent des subventions ; elles ont droit à un local gratuit fourni par la commune, à la remise des deux tiers des droits communaux sur les convois funéraires, à l'exemption du timbre, enfin à un intérêt de faveur pour les fonds qu'elles placent aux caisses d'épargne et de retraites.

175. — *Quels sont les secours que ces sociétés peuvent accorder à leurs membres participants ?*

— Ces sociétés peuvent accorder à leurs membres participants : 1° Une indemnité en argent, le médecin, le pharmacien ; 2° Une pension viagère de retraite ; 3° En certains cas une assurance au décès pour frais funéraires.

176. — *Quelle est la cotisation dans les sociétés de secours mutuels ?*

— La cotisation varie avec la nature, l'importance et la durée des secours.

A Tourcoing, *La Jeanne d'Arc*, société de secours mutuels pour les ouvrières et les femmes d'ouvriers, a créé *deux sections:*

Livrets gris, donnant droit au médecin et aux médicaments. — (Cotisation : o fr. 6o par mois.) —*Livrets marron*, donnant droit à une indemnité : 10 fr. par semaine le premier mois, 7 fr. le deuxième mois, 5 fr. le troisième mois, et 3 fr. par semaine les quatrième et cinquième mois. — (Cotisation : o fr. 6o par mois). On peut faire partie de l'une des deux sections seulement, ou des deux à la fois.

CHAPITRE IV

ASSURANCE CONTRE LA VIEILLESSE.

Retraites ouvrières. — Système allemand. — Système belge. — Caisse nationale des retraites pour la vieillesse.

177. — *Quel est le but des retraites ouvrières ?*

— Le but des retraites ouvrières est de fournir aux ouvriers les ressources nécessaires pour mettre leur vieillesse à l'abri de la misère.

178. — *A-t-on déjà organisé des retraites ouvrières ?*

— Oui, l'Allemagne et la Belgique ont organisé des retraites pour l'ouvrier.

179. — *En quoi consiste le système allemand ?*

— Le système allemand impose *l'obligation* et l'administration *par l'État* ; les pensions sont payées par le triple concours du patron, des ouvriers et de l'Etat.

180. — *Combien verse l'ouvrier allemand ?*

— Prenons un exemple : Un ouvrier qui gagne 1500 frs par an, verse 0,23 par semaine, soit 11 frs 25 par an et touche 262 frs, ou 412 frs, ou 562 frs, suivant qu'il verse depuis 10, 30 ou 50 ans.

181. — *Quels sont les résultats du système allemand ?*

— L'Etat dépense par an 4.000.000 de frais généraux, pour payer 12.000.000 de rentes aux assurés ayant 70 ans.

182. — *En quoi consiste le système belge ?*

— Le système adopté en Belgique est celui de *la liberté subsidiée*. Les versements ne sont pas obligatoires, mais l'initiative privée est puissamment encouragée.

Les versements de l'ouvrier, relativement très petits, sont majorés par l'Etat, par la province et par la commune. Tout ouvrier honnête et un peu économe peut arriver, par de légers sacrifices, à conquérir sa pension de vieillesse. Depuis 1901, grâce à une dotation de 15 millions inscrite au budget chaque année, tous les ouvriers et ouvrières de Belgique âgés de 65 ans, peuvent jouir d'une certaine pension *sans avoir fait de versements*.

183. — *Existe-t-il en France une caisse d'assurances contre la vieillesse ?*

— Oui, la caisse nationale des retraites pour la vieillesse a été créée en 1850 sous la garantie de l'Etat [1].

184. — *Comment fonctionne cette caisse ?*

— Chaque somme versée, fût-elle de *un franc* est inscrite sur le livret du déposant. — On peut verser dès l'âge de trois ans ; le maximum de la pension est de 1200 ; elle est calculée d'après les tarifs, et l'entrée en jouissance est de cinquante à soixante-cinq ans.

185. — *Donnez un exemple.*

— Pour s'assurer à 60 ans une retraite de un franc par jour, ou 360 frs par an, il suffit d'un versement annuel de

31 frs 50 si le déposant commence à 20 ans.
54 frs 90 . . . . à 30 ans.

186. — *D'après quel principe fonctionne la caisse nationale des retraites ?*

— Ceux qui meurent avant d'avoir atteint l'âge de la retraite, paient pour ceux qui vivent plus longtemps, et la part de ces derniers est grossie d'autant.

187. — *Le déposant peut-il réserver à ses héritiers le montant des sommes versées par lui à la caisse ?*

— Oui, mais le chiffre de pension de retraite est moins élevé que si les versements avaient été faits *à capital aliéné !*

---

1. Certaines villes majorent de 50 % les dépôts faits par leurs sociétés mutualistes à la caisse nationale de retraite ; l'Etat les majore de 25 % soit en tout 75 %. — C'est un système analogue au système belge.

CHAPITRE V.

ASSURANCE CONTRE LE CHOMAGE.

Chômage individuel : maladie, accidents, perte de la place. — Chômage collectif par grève forcée, mauvais état des affaires, incendie ou accidents aux moteurs. — Fonds de chômage système Gand. — Caisses de chômage.

188. — *Qu'est-ce que le chômage ?*

— Le chômage est la suspension totale ou partielle du travail.

Nous ne parlons ici que du chômage involontaire.

189. — *Comment divise-t-on le chômage ?*

— On distingue le chômage individuel et le chômage collectif.

190. — *Quelles sont les causes du chômage individuel ?*

— Les causes du chômage individuel sont : la maladie, les accidents et la perte de la place.

191. — *Quelles sont les causes du chômage collectif ?*

— Les causes du chômage collectif sont : la grève forcée, le mauvais état des affaires, l'incendie ou les accidents aux moteurs.

192. — *Quels sont les remèdes au chômage individuel ?*

— Les remèdes au chômage individuel sont : 1° Les sociétés de secours mutuels contre la maladie ; 2° Les indemnités prévues par la loi de 1898 en cas d'accidents ; 3° Le bureau de placement et les caisses syndicales subventionnées, lorsqu'on vient à perdre sa place.

A Gand, *les fonds de chômage* votés par le Conseil communal, servent à *majorer* les secours de chômage que les syndicats distribuent à leurs membres. La majoration ne peut être accordée sur une somme supérieure à un franc par jour et pendant cinquante jours par an au maximum. Le taux de majoration le plus fréquent est 50 pour cent, c'est-à-dire que si un syndicat distribue 2,000 francs de secours de chômage à ses membres, la commune *ajoute* 1,000 francs, total 3,000 francs.

193. — *Quels sont les remèdes au chômage collectif ?*

— Les remèdes au chômage collectif sont : 1° L'épargne individuelle contre la morte saison et la grève forcée ; 2° Des caisses mutuelles contre le chômage qui provient d'incendie ou d'accidents aux moteurs.

BIBLIOGRAPHIE

Le Livre de la Mutualité (Epargne-Prévoyance), par GARCIN. — Prix : 0,60 : Grenoble, A. Gratier.

Mutualité, étude générale, par Et. MARTIN SAINT LÉON ; — Constitution ; — Union mutualiste des femmes de France ; — Fonctionnement d'une société de secours mutuels ; — Législation et statuts, par DEDÉ. — Brochures à 0,25 : Lille, 15, rue d'Angleterre.

Accidents de travail, commentaire pratique de la loi du 9 avril 1898, par BERTHIOT. — Prix : 0,45 : Chalon-sur-Saône, E. Bertrand.

Fonds de chômage de Gand, rapport sur le fonctionnement, par L. VARLEZ, 1903. — Gand, Nouvelle Imprimerie, Digue des Blanchisseurs.

Les retraites ouvrières en Belgique, par G. SALUM. — Prix : 2 fr. ; Paris, Rousseau.

OUATRIÈME PARTIE

DEUX ENNEMIS DE L'OUVRIER

CHAPITRE PREMIER

L'ALCOOLISME

Ravages de l'alcoolisme. — Ruine de l'individu, de la famille, de la société. — Ce que l'alcoolisme coûte à la France. — Remèdes.

194. — *Qu'est-ce que l'alcoolisme ?*

— On appelle alcoolisme l'ensemble des maux qui ont pour cause l'absorption de l'alcool.

L'alcool, dit M. Gladstone, fait de nos jours plus de ravages que les trois fléaux historiques : la famine, la peste et la guerre.

195. — *L'alcool est-il un poison ?*

— Oui, l'alcool est par lui-même et toujours un poison. Pris à grandes doses, surtout s'il est concentré, l'alcool ruine la santé.

196. — *Quels sont les maux causés par l'alcoolisme ?*

— L'alcoolisme est la ruine de l'individu, de la famille et de la société.

197. — *Pourquoi dites-vous que l'alcoolisme est la ruine de l'individu ?*

— Je dis que l'alcoolisme est la ruine de l'individu, parce qu'il ruine le corps et trouble l'exercice des facultés de l'âme.

198. — *Comment l'alcoolisme ruine-t-il le corps ?*

— En causant de graves maladies dont les principales sont :

l'inflammation de l'estomac, l'empoisonnement du sang, la pneumonie et l'épilepsie.

199. — *Comment l'alcoolisme trouble-t-il l'exercice des facultés de l'âme ?*

— L'alcoolisme congestionne le cerveau, diminue l'intelligence, la mémoire et conduit à la folie.

Il existe en France 80,000 aliénés séquestrés, dit le docteur Legrain ; sur ce nombre, un quart, c'est-à-dire 20,000 environ, ont dû leur folie soit directement, soit indirectement, à l'influence de l'alcool. L'absinthe a été justement baptisée : « Une grande vitesse pour Charenton ».

200. — *Pourquoi dites-vous que l'alcoolisme ruine la famille ?*

— Parce que l'alcoolisme met le trouble dans les ménages, vicie l'éducation des enfants et engendre la misère en dissipant le salaire.

L'alcoolisme est une maladie héréditaire. Les enfants des buveurs sont souvent scrofuleux, épileptiques, affligés et parfois idiots. Un peuple alcoolisé est un peuple en voie de disparaître.

201. — *Pourquoi dites-vous que l'alcoolisme ruine la société ?*

— Parce que l'alcoolisme dissipe la richesse nationale, multiplie les accidents et augmente la folie et la criminalité.

202. — *Dites ce que l'alcoolisme fait perdre à la France.*

— L'alcoolisme fait perdre à la France plus *de deux milliards* par an.

203. — *Comment l'alcoolisme multiplie-t-il les accidents ?*

— La statistique universelle des chemins de fer attribue aux excès de boisson 43 pour cent, c'est-à-dire presque la moitié des accidents et des catastrophes.

A l'occasion de la perte du *Drummond-Castle* dans la passe d'Ouessant, le « Journal de Cork » (juin 1896) écrivait : « L'ivrognerie est la cause certaine de la perte de 70 pour 100 des navires anglais ».

204. — *Quels sont les remèdes à l'alcoolisme ?*

— Les principaux remèdes à l'alcoolisme sont : 1° L'enseignement antialcoolique donné dans les écoles ; 2° L'application de la loi contre l'ivrognerie ; 3° La limitation du nombre des cabarets ; 4° *Pour l'individu*, l'accomplissement exact de ses devoirs religieux.

CHAPITRE II

LE SOCIALISME

But du socialisme. — Marxistes et possibilistes. — Le paradis de Jaurès. — Suppression de la propriété, de la famille et de la religion.

205. — *Quel est le but du socialisme ?*

— Le but du socialisme est l'expropriation politique et économique de la bourgeoisie capitaliste.

206. — *Comment doit se faire cette expropriation ?*

— Sur ce point, les socialistes diffèrent d'opinion : les uns, comme M. Jules Guesde, veulent employer les moyens violents, on les appelle *Marxistes*, du nom de leur chef, le Juif allemand *Karl Marx*. Les autres, comme M. Jaurès, veulent arriver au but par des moyens pacifiques et légaux, on les appelle socialistes parlementaires.

207. — *Quel est le programme des Marxistes ?*

— Voici le programme des Marxistes résumé par M. Jules Guesde :

1° La *collectivité* s'empare de tous les moyens de production. Les capitalistes disparaissent.

2° La concurrence et la surproduction sont supprimées. La *statistique* indique au juste ce qu'il faut produire pour la consommation de la collectivité.

3° L'ouvrier, au début, ne travaillera que trois heures par jour ; le développement indéfini du *machinisme* réduira ce temps à une heure...

4° La propriété individuelle n'est pas supprimée ; elle est seulement limitée à ce qui est *strictement* personnel.

208. — *Quel est le programme des socialistes parlementaires ?*

— Les socialistes parlementaires espèrent arriver à la collectivisation par tous les moyens, mais de préférence par les moyens légaux (ou les réformes parlementaires) ; la plus urgente, à leurs yeux, est l'acquisition par l'État de toutes les entreprises, industrielles et commerciales, chemins de fer, mines, banques, fabrication du gaz, du sucre, de l'alcool,

pour arriver par degré à la suppression du salariat et à *la
nationalisation* de la richesse publique.

209. — *Que promettent les socialistes ?*

— Les socialistes promettent un bonheur parfait, le paradis
de M. Jaurès.

Il n'y aura plus ni riches, ni pauvres ; ni patrons, ni ouvriers ; ni
capitalistes, ni prolétaires, mais seulement des travailleurs de la collectivité. — Plus de pain à acheter, plus de loyer à payer, les citoyens
seront nourris et logés par l'État. — Plus de frais pour élever les enfants,
plus de vieillards à entretenir : l'État prendra à sa charge le soin
des malades, l'éducation des enfants, l'hospitalisation des vieillards. —
Moyennant quelques heures d'un travail facile, on n'aura plus qu'à
jouir tranquillement du bonheur.

210. — *Que serait pour l'ouvrier le résultat de l'application
du système socialiste ?*

— L'application du système socialiste réduirait tous les
ouvriers à l'esclavage et à la misère sous la tyrannie de l'État
patron.

L'État, qui n'arrive pas à fabriquer *de bonnes allumettes*, serait chargé
de préparer la soupe, le logement, les habits pour tout le monde.
L'État, l'unique cultivateur, l'unique patron, désignerait à chacun sa
garnison de travaux forcés. Chaque citoyen serait un rouage dans une
immense machine manœuvrée par l'état tyran. Les socialistes se moquent
de nous, et le paradis de Jaurès serait un *enfer*.
La vraie définition du socialisme est celle-ci :
*Un état de la Société où nul ne travaillera que sur la réquisition de ses
ennemis et où nul ne recevra que par la faveur des gouvernants.*
Si les socialistes arrivent jamais à conquérir le pouvoir, ils institueront
un régime qui constituera : 1º Les **travaux forcés** pour les uns ; 2º Le
travail de surveillance pour les autres.
Pour les uns et pour les autres à l'état permanent, **la guerre sociale.**

211. — *Quel est le grand crime du socialisme ?*

— Le grand crime du socialisme c'est de vouloir supprimer
la propriété, la famille et la religion, bases de la société.

212. — *Qu'est-ce que la propriété ?*

— On entend par propriété tout ce que l'homme possède
justement, par exemple : l'argent, le mobilier, les vêtements,
les terres, les maisons, les fabriques, etc.

213. — *Le droit de propriété a-t-il toujours été reconnu ?*

— Oui, toutes les nations civilisées admettent le droit de

propriété, et les pays où ce droit a été foulé aux pieds, sont retombés dans la barbarie.

214. — *Comment le socialisme considère-t-il la propriété privée ?*

— Le socialisme considère la propriété privée comme *un vol ;* il voudrait l'enlever aux particuliers pour la donner à la collectivité, seule propriétaire des immeubles et des meubles, autrement dit c'est *la confiscation* générale.

215. — *Le socialisme admet-il la famille ?*

— Non, le socialisme n'admet pas le mariage.

« L'idéal socialiste, dit Jules Guesde, réduira la famille dans l'espace
» à la mère et à l'enfant, dans le temps, à *la période de l'allaitement.* »
(Catéchisme socialiste, page 79.)

216. — *Que deviendraient les enfants dans le système socialiste ?*

— Les enfants ne connaîtraient ni père ni mère, ils seraient élevés par l'État.

Le programme du parti ouvrier, *article 6*, porte : « *Instruction scientifique et professionnelle de tous les enfants, mis pour leur entretien à la charge de la Société, représentée par l'État et par la commune.* »

217. — *Le socialisme admet-il la religion ?*

— Non, le socialisme nie Dieu et la religion.

La religion, a dit M. Jaurès à la Chambre française, est « une vieille chanson, une habitude et non plus une croyance. » (Discours du 21 novembre 1893). — « La démocratie socialiste, a dit Bebel, est essentiellement athée. » (Discours au Reichtag, 31 décembre 1881.)

218. — *N'est-il pas possible d'être en même temps catholique et socialiste ?*

— Non, il n'y a pas de socialisme chrétien.

219. — *En conscience un ouvrier peut-il faire partie d'un syndicat socialiste ?*

— Non, parce que le syndicat socialiste révolutionnaire peut le pousser à commettre des actes que réprouverait sa conscience, à aliéner sa liberté au profit des révolutionnaires et à renier sa religion.

BIBLIOGRAPHIE

Le monde socialiste, par L. DE SEILHAC. — Prix : 3,50 : Paris, Lecoffre.

Rouges et jaunes, par DELCOURT-HAILLOT. — Meneurs socialistes, par H. VIVIENNE. — Brochures à 0,25 pièce : Lille, 15, rue d'Angleterre.

La grève de Carmaux et la verrerie d'Albi, par L. DE SEILHAC. — Prix : 3 fr. : Paris, Perrin.

Le socialisme en théorie et en pratique, par HUBERT-VALLEROUX. — Prix : 0,10 : Paris, 35, rue de Grenelle.

La sociale ; — Le collectivisme ; — Nos socios ; — Le Parti ouvrier ; — Confession d'un ouvrier socialiste. — Brochures illustrées à 0,05 : Abbeville, Paillart.

Les adversaires de la propriété, par Victor DE SAINT-CENIS. — La propriété est-elle légitime ? par André VOGARD. — Brochures à 0,25, Paris : 54, rue de Seine.

Qu'est-ce que le socialisme ? par CASTELEIN. — Prix : 0,05 : Bruxelles, Gœmaere.

Catéchisme antisocialiste, par Gabriel D'AZAMBUJA. — Prix : 0,20 : Paris, 83, rue des Saints-Pères.

Pourquoi nous ne sommes pas socialistes, par A. LEROY-BEAULIEU. — L'agriculture et le socialisme, par D. ZOLLA. — Les solutions socialistes et le fonctionnarisme, par E. ROSTAND. — Brochures à 0,05 : Paris, 54, rue de Seine.

Le socialisme contemporain, par l'abbé WINTERER. — Prix : 3,50 : Paris, Lecoffre.

Le socialisme contemporain et la propriété, par G. ARDANT. — Prix : 0,60 : Paris, Bloud.

Causes et remèdes du socialisme, par ONCLAIR. — Paris, Téqui.

La propriété privée, par GARRIQUET. — Prix : 0,60 : Paris, Bloud.

Alcoolisme et décadence, par l'abbé RACT. — Prix : 3,50 : Paris, Poussielgue.

Livret d'enseignement antialcoolique, par BAUDRILLARD. — Paris, Delagrave.

NOTICE BIBLIOGRAPHIQUE COMPLÉMENTAIRE

REVUES SOCIALES. — La réforme sociale ; chez Firmin Didot, 56, rue Jacob, Paris VIe.

L'association catholique, 14, rue de l'Abbaye, Paris VIe, 18 francs.

Le coin de terre et du foyer, revue mensuelle, 26, rue Lhomond, Paris V^e, 5 francs.

Le Sillon, 34, boulevard Raspail, Paris VIIe, 8 francs.

Revue de la jeunesse catholique, 76, rue des Saints-Pères, Paris VIIe.

La Jeune Garde, 15, rue d'Angleterre, Lille.

L'Effort, 45, rue Galvani, Roubaix.

L'écho des œuvres sociales, 41, rue des Grands-Fossés Tarbes, 2 francs.

Le patronage, 7, rue Coëtlogon, Paris, V^e, 5 francs.

La sociologie catholique, 21, rue de l'Université, Montpellier, 6 francs.

Les Conférences et l'Action catholique : à la maison de la Bonne Presse, 5, rue Bayard, Paris VIIIe.

Revue populaire d'économie sociale, 59, rue du Rocher. Paris, 5 francs.

La Chronique du Sud-Est, 10, quai de Tilsitt, Lyon, 4 francs.

Bulletin des œuvres sociales du diocèse de Tournai, Castermann, Tournai.

L'action sociale de la femme, 24, rue de la Bienfaisance, Paris.

BULLETINS SYNDICAUX. — Moniteur des Unions fédérales, 249, Bourse du Commerce, Paris, 3 francs.

L'Écho des syndicats, 14, rue des Petits Carreaux, Paris IIe, 6 francs.

La Ruche syndicale, 14, rue de l'Abbaye, Paris VIe.

Le travail de la femme et de la jeune fille, 34, rue Saint-Jean, Lyon, 2 fr. 50.

L'Union fédérale roubaisienne, 94, rue Turgot, Roubaix.

Le Moniteur des syndicats ouvriers, 34, rue Saint-Placide, Paris, 6 francs.

Le Courrier du Livre, 5, rue Bayard, Paris VIIIe, 10 fr.

REVUES AGRICOLES. — Le Laboureur, 5, rue Bayard Paris VIIIe, 3 francs.

Bulletin du Syndicat Central, 19, rue Louis-le-Grand, Paris IIe.

L'Agriculture nouvelle, 18, rue d'Enghien, Paris, 5 francs.

Journal d'Agriculture pratique, 26, rue Jacob, Paris, 20 fr.

Bulletin de la Société des Agriculteurs de France, 8, rue d'Athènes, Paris.

ÉCOLES MÉNAGÈRES. — L'Enseignement ménager par l'abbé QUILLET, 15, rue d'Angleterre, 0 fr. 25.

Les écoles ménagères, 35, rue de Grenelle, Paris VIIe, 1 fr. 25.

La femme au foyer, 26, rue Lhomond, Paris, 0 fr. 60.

Brochures ménagères, publiées par DELARUELLE, 3, rue Froissard, Lens. (Pas-de-Calais).

Notions d'économie domestique, par MATHIEU, 7, rue du Chêne, Verviers.

Manuel d'économie domestique, par Melle du CAJU, 46, rue de la Madeleine, Bruxelles, 1 fr. 25.

Vade-mecum de la vie pratique, par SAVELBERG 10, rue Saint-Christophe, Bruxelles, 1,50.

L'enseignement ménager, par Mme la Comtesse de DIESBAELS, Téqui, Paris.

SYNDICATS AGRICOLES. — Les Syndicats agricoles et leur œuvre, par le Comte de ROCQUIGNY, 5, rue de Mézières, Paris.

Quinze ans d'action sociale, par de GAILHARD-BANCEL, 10, quai de Tilsitt, Lyon.

Petit manuel des syndicats agricoles, par de GAILHARD-BANCEL, même adresse, 0 fr. 75.

Une caisse rurale, par le Vte de BIZEMONT. — L'Assurance du bétail, par FRANÇOIS. — Les jardins ouvriers, par PIOLET. — Le conférencier agricole, par MAZELIN. — Le syndicat agricole de Champagne, 15, rue d'Angleterre, Lille, 0 fr. 25 pièce.

TABLE DES MATIÈRES

TROISIÈME PARTIE

ÉPARGNE ET ASSURANCES

QUATRIÈME PARTIE

DEUX ENNEMIS DE L'OUVRIER

Imprimé par Desclée, De Brouwer et Cⁱᵉ, Lille. — 24.